주니어 RHK

일러두기

이 책은 SBS에서 방영된 애니메이션 〈올림포스 가디언〉의 스토리북 《그리스 로마 신화 올림포스 가디언》을 재구성한 초등 필수 인문 교양서입니다.

신화적 가치

신화는 한 민족의 기원이나 역사적·종교적·문화적 삶의 모습을 보여 주는 옛이야기입니다. 주로 신과 영웅에 관한 이야기가 많고, 오랫동안 입에서 입으로 전해 내려왔다는 특징이 있지요.

우리가 살펴볼 그리스 로마 신화는 고대 그리스와 로마에 전해 오는 신화와 전설을 한데 묶은 것입니다. 그리스 로마 신화는 고대의 삶을 엿보게 해 주는 문화유산일 뿐만 아니라, 세계 여러 나라의 문학과 미술에 큰 영향을 끼쳤습니다. 하지만 문화적 가치만큼이나 중요한 것이 또 있습니다. 오래된 옛이야기이면서도 거기에 담긴 교훈적 가치가 오늘날에도 여전히 쓸모 있고 중요하다는 사실입니다.

놀랍지 않나요? 수천 년 전의 이야기가 어떻게 과학 문명이 고도로 발달한 오늘날에도 통하는 것일까요? 그것은 바로 그리스 로마 신화에 나오는 신과 영웅의 모습이 오늘날 우리의 모습과 다르지 않기 때문입니다. 신들도 우리처럼 분노하고, 질투하고, 실수하지요. 그런 모습을 보면서 우리는 깔깔 웃거나 눈물을 흘리고, 교훈과 감동을 얻습니다. 우리가 그리스 로마 신화를 읽어야 하는 까닭이 바로 이것입니다.

신화의 세계로 떠날 여러분에게 한마디 덧붙이자면, 신화는 우리에게 끝없는 상상력을 요구한다는 점입니다. 신화 속에는 수많은 은유와 상징이 곳곳에 널려 있지요. 따라서 신화를 읽을 때는 상상력을 최대한 발휘하여 신화 속에 숨겨진 의미를 찾고, 그것을 자기 나름대로 재해석하는 과정이 필요합니다. 이렇게 읽었을 때 비로소 여러분 앞에 놀라운 삶의 이야기가 펼쳐질 것입니다.

자, 그럼 흥미진진한 신화의 세계 속으로 함께 떠나 볼까요?

주요 등장인물

에로스

아프로디테의 아들로, 사랑의 신이에요. 신과 인간에게 화살을 쏘아 사랑이나 미움을 싹트게 하는 능력이 있어요. 약속을 깬 프시케를 원망하며 떠나가지만, 프시케를 잊지 못하고 괴로워해요.

프시케

어여쁜 외모로 사람들한테서 많은 사랑을 받지만 그것 때문에 아프로디테의 미움을 사지요. 괴물인 줄만 알았던 남편이 에로스인 것을 알고 기뻐해요. 하지만 약속을 깨뜨려 에로스와 이별하게 돼요.

프시케의 언니들

외모는 아름답지만 질투심이 강하고 욕심이 많아요. 프시케를 부추겨 남편과의 약속을 깨뜨리게 만들어요.

제피로스

서풍의 신으로, 트라키아 동굴에 산다고 해요. 프시케를 배려한 에로스의 명령으로, 프시케의 언니들을 프시케가 사는 궁으로 데려다줘요.

데메테르

대지와 곡물, 농업의 여신이에요.
아프로디테의 노여움을 산 프시케를
불쌍히 여겨 조언을 해 주고 도와줘요.

아프로디테

아름다움과 사랑의 여신이에요.
올림포스에서 가장 아름답기로 손꼽혀요.
프시케를 시험하기 위해 인간의 힘으로는
하기 힘든 어려운 일을 시켜요.

페르세포네

데메테르의 딸로, 하데스에게 납치당해
그와 결혼하고 지하 세계의 여왕이 돼요.
프시케가 건넨 상자에 아름다움을 담아 줘요.

헤라

제우스의 아내이자 결혼의 여신이에요.
올림포스의 여신들 가운데 가장 높은
여신으로, 질투심이 많아요.

제우스

올림포스 신들의 왕으로, 하늘과
벼락의 신이에요. 티탄족과의 싸움
에서 승리해 신들의 왕이 돼요.

차례

주요 등장인물 **4**
프롤로그 **7**

1장	**에로스와 프시케의 이별** ……… **8**
2장	**프시케를 시험하는 아프로디테** ……… **50**
3장	**사랑을 되찾은 프시케** ……… **94**

부록   미로 찾기 **140**   나만의 컬러링 **141**   올림포스 신들의 계보 **142**
그리스 로마 신화 주요 인물의 이름 **143**

프롤로그

프시케는 아름다운 궁전에서 행복하게 결혼 생활을 하지요.
하지만 얼굴도 모르는 남편은 밤중에만 찾아오고,
프시케의 외로움은 점점 깊어만 갑니다.
그러던 중 프시케를 만나러 온 언니들은 남편의 얼굴을
확인해 보라며 프시케를 부추깁니다.
과연 프시케는 남편과 한 약속을 지킬 수 있을까요?

1장
에로스와 프시케의 이별

프시케는 누구보다도 행복한 결혼 생활을 했습니다. 비록 어둠 속에서만 남편을 만날 수 있었지만, 남편에 대한 프시케의 사랑은 점점 깊어졌습니다.

에로스와 프시케는 어두운 밤이 오면 도란도란 이야기를 나누며 둘만의 행복한 시간을 보냈습니다. 그러다가 프시케가 잠이 들면, 에로스는 사랑이 가득 담긴 눈길로 잠든 프시케를 내려다보곤 했습니다. 그리고 어스름한 새벽이 다가올 때쯤 소리 없이 궁전을 빠져나갔습니다.

에로스는 매일 밤 자신의 모습을 숨긴 채 프시케를 찾아왔습니다. 시간이 흐르자 프시케는 혼자 지내는 낮 시간이 심심해졌습니다. 가족도 없고, 친구도 없는 큰 궁전에서 프시케는 점점 지루함을 느꼈습니다. 그저 어서 한밤중이 되어 남편이 오기만을 바랄 뿐이었습니다. 어느 순간부터 프시케는 아름다운 궁전이 감옥처럼 느껴졌습니다.

그러던 어느 날 밤, 프시케는 남편이 날이 밝기도 전에 자신 곁을 떠나야 한다는 사실에 쓸쓸해졌습니다.

"오늘도 저를 남겨 두고 가시는 건가요? 아, 저는 당신의 모습이 너무 보고 싶어요. 딱 한 번만이라도 좋으니 당신을 본다면 소원이 없겠어요."

하지만 에로스는 굳은 얼굴을 하고 말했습니다.

"안 돼요. 나와 한 약속을 벌써 잊었나요?"

"아니에요. 하지만 밤마다 당신을 기다리는 일이 점점 힘들어져요."

"프시케, 왜 내 모습을 그렇게 보고 싶어 하는 거죠? 당신은 나의 사랑을 믿지 못하는 건가요? 당신이 나를 보게 되면 아마도 나를 두려워하거나 존경하게 될 거예요. 그건 내가 바라는 게 아니에요. 나는 당신이 나를 그저 남편으로서 사랑해 주기를 바란답니다."

"알겠어요. 제가 어리석었어요. 다시는 안 그럴게요."

새벽이 되어 떠나는 에로스

해가 뜨기 전, 에로스가 잠든 프시케를 두고 황급히 떠나는 모습이에요. 떠나면서도 잠든 프시케의 얼굴을 돌아보는 에로스의 모습에서 안타까움이 묻어나요. 기둥 사이로 날이 밝아 오는 모습이 보이고, 한쪽에는 에로스의 상징인 화살통도 보여요.

〈에로스와 프시케〉 프랑수아 에두아르 피코

에로스와 프시케는 서로를 따뜻하게 안았습니다. 프시케는 잠시나마 남편의 모습을 보려고 했던 것을 후회했습니다.

프시케는 에로스와 지내는 것이 더없이 행복했지만, 한편으로는 부모님과 언니들이 그리웠습니다.

"아버지, 어머니는 내가 이렇게 잘 지내는 걸 모르시겠지? 날마다 내 걱정을 하시며 마음 아파하실 텐데……. 언니들은 행복하게 잘 살고 있을까?"

그날 밤, 풀이 죽은 프시케를 보며 에로스가 물었습니다.

"사랑하는 프시케, 무슨 걱정이라도 있나요?"

프시케는 애써 미소를 지어 보였습니다. 하지만 에로스는 프시케의 슬픔을 그대로 느낄 수 있었습니다.

"프시케, 무슨 일인지 말해 봐요."

"사실 부모님과 언니들이 보고 싶어요. 혼자 있는 시간이 많다 보니 자꾸만 사람들이 그리워져요. 이 넓은 궁전에 사람이라곤 저밖에 없고, 너무 외로워서 견딜 수가 없어요. 낮에 언니들을 불러 이야기를 나누어도 될까요?"

그 말을 듣고 한동안 말없이 고민에 잠겼던 에로스가 입을 열었습니다.

"알겠어요. 그럼 언니들을 불러요."

"예? 정말요?"

프시케는 에로스의 대답에 깜짝 놀랐습니다.

"당신이 외로워하는 건 나도 바라지 않아요. 그러니 언니들을 초대해요. 하지만 이것만은 잊지 말아요. 언니들이 나에 대해 묻더라도 아무 말도 해서는 안 돼요."

"예, 알겠어요. 절대 아무 말도 하지 않을게요. 맹세해요."

에로스는 서풍의 신 제피로스를 불렀습니다.

"제피로스, 부탁이 있어. 내 사랑스러운 아내 프시케를 위해 그녀의 언니들을 이 궁전으로 데려다줘."

제피로스는 에로스의 명령을 받아 즉시 산을 넘어 프시케의 두 언니를 데리러 갔습니다.

"프시케 님이 공주님들을 초대하셨습니다."

"예? 프시케가 우리를 초대했다고요?"

오랫동안 프시케의 소식을 듣지 못했던 언니들은 깜짝 놀라 눈이 휘둥그레졌습니다.

"프시케는 잘 지내고 있나요?"

"그건 걱정 마시고, 저만 따라 오시면 됩니다."

제피로스는 두 언니를 구름에 태우고 프시케가 살고 있는 궁전을 향해 쏜살같이 날아갔습니다. 우거진 숲과 골짜기를 지나 이윽고 깊은 산속에 도착한 프시케의 언니들은 그곳에서 무척이나 화려하고 웅장한 궁전을 보고 깜짝 놀랐습니다.

제피로스가 궁전을 가리키며 말했습니다.

"저곳이 바로 프시케 님이 살고 있는 궁전입니다."

한편 궁전 앞에서 언니들을 기다리던 프시케는 언니들의 모습이 보이자 반갑게 달려 나갔습니다.

"언니들! 어서 와요!"

프시케는 두 언니를 와락 껴안고 눈물을 글썽거렸습니다.

"얼마나 보고 싶었는지 몰라요."

"우리도 네가 무척 보고 싶었단다. 그런데 통 소식을 들을 수가 있어야지……. 정말 답답했단다."

"자, 어서 궁전으로 들어가요. 그동안 못 한 이야기를 앉아서 실컷 하자고요."

프시케는 활짝 웃으며 언니들의 손을 꼭 잡고 궁전으로 이끌었습니다.

"우리 프시케가 이렇게 멋진 궁전에서 살고 있다니!"

두 언니는 웅장한 궁전의 모습에 넋을 잃었습니다. 궁전은 계단, 벽, 천장 할 것 없이 온통 아름다운 보석들로 꾸며져 있었습니다. 언니들은 궁전을 보며 벌린 입을 한참 동안 다물지 못했습니다.

에로스의 선물을 자랑하는 프시케

프시케가 언니들에게 남편 에로스한테 받은 화려한 옷감과 보석, 장식품들을 보여 주고 있어요. 하인들의 시중을 받는 프시케의 모습과 부러운 눈길로 에로스의 선물을 바라보는 언니들의 모습이 대조적이에요. 언니들은 프시케가 잘 사는 모습에 질투를 하고, 이 질투는 뜻밖의 결과를 가져온답니다.

〈언니들에게 에로스의 선물을 자랑하는 프시케〉
장 오노레 프라고나르

　프시케는 궁전 이곳저곳을 안내하며 하인들에게 두 언니의 시중을 들게 했습니다. 두 언니는 향긋하고 따뜻한 물에서 목욕도 하고, 꽃향기가 가득한 정원에서 온갖 귀하고 맛 좋은 음식을 먹었습니다. 그리고 프시케가 보여 주는 예쁜 옷과 보석들을 구경했습니다. 이렇게 프시케와 두 언니는 오랜만에 이야기꽃을 피우며 즐거운 시간을 보냈습니다. 프시케는 언니들의 얼굴만 보아도 행복했습니다.

　"프시케, 정말 아름다운 궁전에서 살고 있구나. 너 행복하게 잘 지내는 거지?"

프시케는 궁금해하는 두 언니를 보고 웃으며 고개를 끄덕였습니다.

행복한 미소를 짓는 프시케를 바라보며 두 언니는 속으로 생각했습니다.

'도대체 어떻게 된 일이지? 프시케는 괴물의 아내가 된다는 신탁을 받았는데…….'

'흥, 뭐야. 우리보다 훨씬 근사한 궁전에서 호화롭게 살고 있잖아.'

욕심 많은 두 언니는 프시케가 잘사는 모습을 보자 샘이 났습니다. 언니들은 프시케의 눈치를 살피며 질문을 늘어놓기 시작했습니다.

"네 괴물 남편은 무섭지 않니?"

"전혀 안 무서워요. 제 남편은 괴물이 아니거든요."

프시케가 환하게 웃으며 대답하자 언니들은 깜짝 놀라 물었습니다.

"그럼, 어떤 사람이야?"

"제 남편은 아주 아름다운 청년이에요. 낮에는 주로 산에서 사냥하느라 바쁘고, 밤이 되어서야 돌아온답니다."

프시케의 남편이 괴물이 아니라니, 언니들은 더욱 샘이 났습니다. 그리고 궁금증도 점점 커졌습니다. 하지만 언니들은 애써 아무렇지 않은 표정으로 넌지시 말을 건넸습니다.

"그런데 남편은 어디에 갔니? 어떻게 생겼는지 정말 궁금하다."

"맞아. 우린 지금까지 얼굴도 못 봤잖니."

프시케는 언니들의 말에 갑자기 주르륵 눈물을 흘렸습니다. 이상하게 여긴 두 언니가 때를 놓치지 않고 물었습니다.

"프시케, 왜 그래? 갑자기 왜 우는 거니?"

"너, 우리한테 말 못 할 고민이 있는 거지?"

하지만 프시케는 입을 꼭 다문 채 아무 말도 하지 않았습니다.

"프시케, 언니들한테 털어놓으렴. 우리가 도와 줄게. 응?"

프시케는 눈물을 거두고 언니들에게 말했습니다.

"사실은 저도 아직까지 제 남편 얼굴을 못 봤어요."

"뭐라고? 아직까지 네 남편 얼굴을 모른다는 거야?"

프시케가 슬픈 표정으로 고개를 끄덕였습니다.

"그분은 어두운 밤에만 저를 찾아와요. 그러고는 해가 뜨기도 전에 사라지지요. 저는 절대 그분의 얼굴을 보지 않기로 약속했답니다."

언니들은 프시케를 걱정하는 척하며 말했습니다.

"밤에만 나타난다고? 그것 참 이상한 일이네."

"왜 얼굴을 안 보여 주는 걸까? 뭔가 수상해."

"언니들, 하지만 그분은 다정하고 친절한 분이에요."

프시케가 눈을 반짝이며 말했지만, 언니들은 계속해서 프시케의 남편을 의심했습니다.

"프시케, 부모님이 받은 신탁 기억나니? 넌 무시무시한 괴물과 결혼한다고 했잖아! 떠도는 소문에 의하면 네 괴물 남편이 너에게 좋은 음식만 먹여 살을 찌워서는 언젠가 잡아먹고 말 거래. 그런데도 네 남편을 믿는 거야?"

"그래, 네 남편은 위험한 괴물일지 몰라. 그게 아니면 왜 밤에만 나타나겠니?"

언니들의 말에 프시케는 몹시 당황했습니다.

'아냐, 그럴 리가 없어. 남편이 나한테 얼마나 다정하고 좋은 분인데…….'

프시케는 속으로 이렇게 외쳤지만 한편으로는 언니들 말이 맞을지도 모른다는 생각이 들었습니다.

"그럼, 언니들, 제가 어떻게 하면 좋을까요?"

덜컥 겁이 난 프시케가 울먹이며 언니들에게 물었습니다.

"프시케, 우리 말대로 하렴. 우선 등잔을 준비해서 들키지 않도록 침대 밑에 잘 숨겨 둬. 그리고 네 남편이 잠들면 등잔에 불을 붙여 얼굴을 비춰 보는 거야."

"만약 네 남편이 괴물이라면 너를 해칠지 모르니까 날카로운 칼도 준비해 두는 게 좋겠다. 네 남편이 정말 괴물이라면 조금도 망설이지 말고 목을 베어 버리렴. 그래야 네가 풀려날 수 있을 테니까!"

　두 언니의 말에 프시케의 마음은 점점 불안과 의심으로 가득 차게 되었습니다.
　언니들이 돌아가고 난 뒤 프시케는 한동안 괴로운 생각에 빠졌습니다.
　'언니들 말대로 내 남편이 무시무시한 괴물이면 어쩌지? 처음에는 잘해 주다가 어느 순간 날 해치는 건 아닐까?'
　프시케는 점점 남편의 얼굴이 궁금해졌습니다.
　고민하던 프시케는 마침내 언니들의 말을 따르기로 했습니다.
　'그래, 평생 동안 불안에 떨며 살 수는 없어. 남편이 괴물인지 아닌지 내 눈으로 직접 확인해 봐야겠어!'

그날 저녁 프시케는 남편이 오기 전에 침대 밑에 등잔을 숨겨 두었습니다.

그리고 만일을 대비해 날카로운 칼을 감추어 두는 것도 잊지 않았습니다.

이윽고 어둠이 내리고 여느 때와 다름없이 에로스가 프시케를 찾아왔습니다. 에로스는 사랑이 가득한 목소리로 물었습니다.

"프시케, 언니들과는 잘 만났나요? 즐거운 시간을 보냈는지 궁금해요."

"예, 함께 식사도 하고, 이야기도 많이 나누었어요."

에로스의 목소리를 듣자 프시케는 마음이 흔들렸습니다.

'이렇게 좋은 분이 괴물일 리 없어. 하지만……'

프시케는 남편에 대한 의심을 떨쳐 버리기 위해서라도 꼭 얼굴을 봐야겠다고 마음먹었습니다.

"혹시 언니들이 나에 대해 묻지 않던가요?"

에로스의 갑작스러운 질문에 프시케는 당황하여 말을 더듬었습니다.

"예? 어, 어디 가셨냐고 묻기에 그냥 사냥 갔다고 말했어요."

"잘했어요, 프시케."

에로스는 프시케의 옆에 누워 편안한 얼굴로 잠을 청했습니다.

에로스는 곧 깊은 잠에 빠졌지만 프시케는 잠을 이룰 수 없었습니다. 프시케는 한참을 망설이던 끝에 숨겨 놓은 등잔과 칼을 꺼냈습니다. 그리고는 손을 부들부들 떨며 살며시 등잔에 불을 붙였습니다.

'괴물이 아닐 거야. 절대 괴물일 리 없어.'
 프시케는 마음속으로 몇 번이나 되풀이하며, 사랑스럽고 다정한 남편이 괴물이 아니기를 간절히 바랐습니다. 프시케는 한 손에는 등잔을, 한 손에는 칼을 들고 살금살금 남편에게 다가갔습니다. 그리고 남편의 얼굴에 가만히 불빛을 비추었습니다.
 '아, 이럴 수가!'

불빛에 드러난 남편의 모습은 무시무시한 괴물이 아니라 신들 중에서도 아름답기로 소문난 에로스 신이었습니다.
　남편의 아름다운 모습에 프시케는 그만 넋이 나가고 말았습니다. 아름답고 찬란한 머리카락이 눈처럼 하얀 목과 발그레한 뺨을 감싸고 있었습니다. 그리고 에로스의 어깨에는 촉촉한 이슬에 젖은 두 날개가 돋아 있었습니다. 날개는 눈송이보다 하얗게 빛나고, 깃털은 봄에 피어나는 꽃잎만큼 보드라웠습니다.

'아, 역시 당신은 괴물이 아니었군요!'

프시케는 에로스의 얼굴을 더 자세히 보려고 손에 든 등잔을 얼굴 가까이 갖다 댔습니다. 그런데 그 순간 뜨거운 기름 한 방울이 잠자는 에로스의 어깨에 톡 떨어지고 말았습니다.

"앗, 뜨거워!"

에로스는 소스라치게 놀라며 눈을 떴습니다. 에로스의 눈에 등잔을 든 채 당황하며 서 있는 프시케가 보였습니다. 에로스는 상황을 깨닫고 프시케를 말없이 노려보았습니다. 에로스의 눈동자에는 원망과 분노가 서려 있었습니다. 프시케는 에로스의 눈길에 바짝 얼어붙어 꼼짝도 못 했습니다. 에로스의 눈길이 자신이 들고 있는 칼에 머물자 프시케는 가슴이 철렁 내려앉았습니다.

"아, 에로스 님, 제발 가지 마세요. 제가 잘못했어요."

프시케는 에로스를 붙잡으려고 달려갔지만, 에로스는 프시케의 손길을 뿌리쳤습니다.

에로스는 냉정한 목소리로 입을 열었습니다.

등잔불을 비추는 프시케

프시케가 언니들의 부추김에 넘어가 남편의 얼굴에 등잔불을 비추고 있는 모습이에요. 다른 한 손에는 칼을 들고 있지요. 하지만 남편이 아름다운 에로스라는 걸 알고 크게 놀란 프시케는 그만 실수를 하고 말아요. 등잔의 뜨거운 기름을 떨어뜨리거든요. 깜짝 놀라 잠에서 깬 에로스는 프시케가 자신을 의심했다는 사실에 큰 상처를 받게 됩니다.

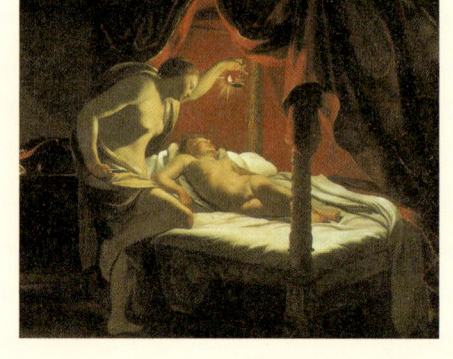

〈에로스와 프시케〉 시몽 부에

"어리석은 프시케, 이것이 내 사랑에 대한 보답인가요?"

놀란 프시케는 울음을 터뜨리며 에로스에게 매달렸습니다.

"오, 저를 용서하세요! 당신을 의심한 저를 용서하세요."

"당신이 어떻게 나에게 이럴 수 있나요?"

에로스의 목소리는 실망과 괴로움으로 가늘게 떨렸습니다.

"어리석은 프시케. 나는 당신에게 벌을 주라는 어머니 아프로디테의 명령을 어기고 당신을 아내로 맞았는데, 당신은 내 사랑을 믿지 못하고 심지어 나를 죽이려 하다니……."

에로스는 커다란 두 날개를 활짝 펴며 창밖으로 날아올랐습니다.

"아, 에로스 님, 제발 가지 마세요. 제가 잘못했어요."

프시케는 에로스를 붙잡으려고 창문 쪽으로 달려갔지만, 에로스는 프시케를 냉정히 뿌리쳤습니다.

프시케는 눈물을 펑펑 쏟으며 간절한 눈빛으로 에로스를 바라보았습니다. 에로스는 공중에서 날갯짓을 하며 그녀를 내려다보고 차갑게 말했습니다.

"내 말을 잊은 건 아니겠죠? 당신이 내 얼굴을 보게 되면 우리는 영영 만날 수 없다고 말했을 텐데……. 나의 말을 가벼이 여긴 당신과 더 이상 함께 살 수 없으니, 언니들에게 돌아가도록 해요. 사랑과 의심은 함께할 수 없는 법이랍니다."

말을 끝내자마자 에로스는 눈 깜짝할 새 하늘 높이 사라져 버렸습니다. 프시케는 하염없이 눈물만 흘렸습니다.

'내가 도대체 무슨 짓을 한 거지? 나를 진정으로 아끼고 사랑하는 남편을 괴물로 의심하다니, 정말 어리석었어.'

프시케는 가슴을 치며 깊이 후회했지만, 이미 때는 늦었습니다.

얼마 후 프시케는 울음을 그치고 겨우 정신을 차렸습니다. 그런데 주위를 둘러보니 궁전은 온데간데없이 사라지고 자신은 풀밭 위에 엎드려 있었습니다. 그곳은 두 언니가 살고 있는 곳에서 그리 멀지 않은 들판이었습니다. 프시케는 슬픔을 가득 안고 언니들을 만나기 위해 길을 떠났습니다.

이제 더 이상 사랑하는 남편 에로스를 만날 수 없다는 사실을 프시케는 믿을 수 없었습니다.

프시케는 언니들이 사는 곳을 수소문해 찾아갔습니다. 두 언니는 갑자기 나타난 프시케를 보고 깜짝 놀랐습니다.

"어머, 프시케, 네가 여기는 웬일이니?"

"너, 왜 그래? 도대체 무슨 일이야?"

"흑흑. 언니들……. 제 남편이 떠나 버렸어요."

"뭐라고?"

"남편이 떠나다니 무슨 소리야?"

"사실 제 남편은 무시무시하고 끔찍한 괴물이 아니라 사랑의 신 에로스 님이었답니다."

"뭐? 네 남편이 에로스 님이었다고?"

"세상에! 그렇게 멋지고 아름다운 신 에로스 님이 프시케의 남편이었다니……."

언니들은 프시케의 말에 놀라 입을 다물지 못했습니다.

"하지만 이제는 아니에요. 제가 어리석게도 에로스 님을 의심해 약속을 어기고 그분 얼굴을 보았어요. 그래서 그분은 제 곁을 영원히 떠나고 말았어요."

프시케의 두 뺨 위로 눈물이 주르르 흘러내렸습니다.

"언니들, 저는 이제 어쩌면 좋을까요?"

"프시케, 정말 안됐구나."

"그래, 우리가 괜히 미안하다."

언니들은 겉으로는 슬퍼하는 척했지만, 속으로는 매우 고소하게 여겼습니다.

욕심이 화를 부른 프시케의 언니들

프시케의 언니들은 겉과 속이 다른 사람들로, 프시케를 위하는 척하며 사실은 프시케의 불행을 기뻐했습니다. 그런데 거기서 그치지 않고 더 욕심을 부려 자기들이 에로스의 부인이 되려고 산꼭대기로 올라갑니다. 제피로스가 프시케를 에로스의 궁전으로 데려간 것처럼 자기들도 그곳에 가면 에로스를 만날 거라고 믿었던 것이지요. 제피로스가 자신들을 받아 줄 것이라 생각한 언니들은 산꼭대기에서 몸을 던지고 결국 비참한 죽음을 맞이합니다. 탐욕스러운 언니들의 소원을 제피로스가 들어줄 리 없었던 것이지요.

'프시케, 에로스 님은 너한테 과분한 남편이었어. 그걸 알아야지.'

'처음부터 있을 수 없는 일이었지.'

프시케는 그런 언니들의 속마음도 모른 채 언니들의 위로를 받자 괴로운 마음을 어느 정도 달랠 수 있었습니다.

하지만 프시케는 에로스를 잊지 못하고 날마다 눈물로 세월을 보냈습니다. 그러다가 어느 순간 남편과 한 약속을 어긴 자신이 얼마나 어리석었는지를 깨달았습니다.

'아, 이대로는 안 되겠어. 어떻게 해서든 에로스 님을 만나 꼭 용서를 빌어야 해.'

마침내 프시케는 에로스를 찾아가기로 결심하고 무작정 길을 떠났습니다. 밤낮을 가리지 않고 곳곳을 떠돌며 사람들에게 묻고 또 물었습니다. 하지만 에로스를 찾아가는 길은 생각보다 힘겹고 고통스러웠습니다.

'언젠가는 에로스 님을 만날 수 있을 거야. 그래, 용기를 내자.'

프시케는 자신을 다독이면서 거친 자갈밭을 지나고, 깎아지른 듯한 높은 절벽도 올랐습니다. 프시케의 온몸은 상처투성이가 되고, 옷도 누더기가 되었습니다. 하지만 프시케는 그런 것은 안중에도 없었습니다. 오직 에로스 생각뿐이었습니다.

'나 때문에 에로스 님이 받은 상처에 비하면 이까짓 상처는 아무것도 아니야. 아, 에로스 님, 정말 미안해요. 나를 그렇게 믿고 사랑해 주셨는데…….'

프시케는 눈앞을 가로막은 높은 바위산이나 뜨거운 모래밭, 깊고 푸른 강도 전혀 두렵지 않았습니다. 그녀는 멈추지 않고 걷고 또 걸었습니다. 하지만 세상 어느 곳에서도 에로스를 만날 수는 없었습니다.

어느 날, 힘겨운 여행에 지친 프시케는 그만 땅바닥에 주저앉고 말았습니다.

'에로스 님, 당신은 어디에 계신가요? 당신이 보고 싶어 못 견디겠어요.'

참았던 눈물이 프시케의 눈에서 넘쳐 흘렀습니다. 한참을 울던 프시케는 문득 고개를 들었습니다. 그녀의 눈앞에 훌륭한 신전이 보였습니다.

'그래, 맞아! 신전에 가면 에로스 님의 소식을 들을 수 있을지도 몰라.'

프시케는 눈물을 훔치고 힘을 내어 신전을 향해 숨 가쁘게 달려갔습니다.

에로스와 프시케의 사랑 이야기

에로스와 프시케의 사랑은 어려운 시련을 견디고 이룬 것이라는 점에서 아름다운 이야기로 널리 알려졌습니다. 그래서 여러 문학 작품이나 그림에도 다양한 모습으로 소개되고 있어요. 프랑스 작가 보몽 부인이 쓴 《미녀와 야수》 이야기도 기본 이야기 구조는 에로스와 프시케의 사랑과 매우 비슷하지요. 등장인물이 다르기는 해도, 사랑은 눈에 보이는 것만이 다가 아니라 보이지 않는 것까지 믿고 아끼는 진실한 마음이라는 사실을 이야기하고 있으니까요.

에로스와 프시케의 이별

　사랑에 빠진 사람은 당연히 상대방에게 관심과 애정을 갖기 마련입니다. 그래서 그 사람에 대해 하나부터 열까지 알고 싶어 하고, 서로에게 특별한 존재가 되기를 바라지요.

　하지만 때때로 관심이 지나치다 보면 상대방을 의심하거나 자신이 만든 틀 안에 가두려 하기도 합니다. 이렇게 변해 버린 사랑의 감정은 오히려 상대방에게는 답답한 감옥처럼 느껴지지요.

　프시케는 처음에 끔찍하고 무시무시한 괴물과 살게 되리라는 신탁을 듣고 남편의 존재를 두려워합니다. 하지만 신탁과는 달리 숲속의 아름다운 궁전에서 풍요롭게 지내며 남편의 사랑을 듬뿍 받습니다. 남편의 얼굴을 보지 못한다는 것만 빼면 모든 것이 행복하고 만족스러운 결혼 생활이었지요.

　하지만 프시케는 외로움에 지쳐 언니들을 초대하고, 두 언니의 부추김에 넘어가 남편을 의심하게 됩니다. 결국 남편과의 약속을 어기고 얼굴에 불빛을 비추어 그가 에로스라는 걸 알게 됩니다.

　에로스는 사랑과 의심은 함께할 수 없다는 말을 남기고 홀연히 떠나 버립니다. 상대방의 의심에 상처 입고 떠난 에로스. 그런 에로스를 바라보며 자신의 어리석음을 후회하고 에로스에게 용서를 빌기 위해 험난한 여행을 떠나는 프시케. 이 둘의 모습을 통해 우리는 한 번 금이 간 사랑을 다시 회복하는 일이 얼마나 힘겹고 어려운 일인지를 느끼게 됩니다. 또 잃고 나서야 그것이 얼마나 소중했는지를 깨닫는 것은 부질없는 일이라는 것을 알 수 있지요.

　프시케의 이야기는 우리에게 진정한 사랑은 어떤 상황에서도 상대방을 믿고, 있는 그대로의 모습을 아끼며 의심하지 않는 것이라는 점을 알려 주고 있습니다.

2장
프시케를 시험하는 아프로디테

　프시케는 거친 숨을 내쉬며 높은 언덕에 있는 신전으로 한달음에 달려갔습니다.
　"어쩌면 내 사랑 에로스 님을 여기서 만나게 될지도 몰라."
　프시케는 신전 문을 조심스럽게 열었습니다.
　"저, 아무도 안 계세요? 혹시 에로스 님, 여기 계시나요?"
　신전 안에는 프시케의 가녀린 목소리만 울려 퍼질 뿐, 아무 소리도 들리지 않았습니다.
　'아, 누구라도 제발 대답해 주었으면…….'
　프시케는 떨리는 가슴으로 신전 안에 발을 내디뎠습니다.

그런데 신전 안에는 낟알이 붙은 곡식 더미가 어지럽게 널려 있었습니다.

"어머나, 세상에! 이게 다 뭐지?"

밀과 보리 낟가리들이 단으로 묶여 있기도 하고, 아무렇게나 쌓여 있기도 했습니다. 그리고 갖가지 곡식들이 뒤섞여 아무렇게나 흩어져 있었습니다. 게다가 낫, 갈퀴 등 추수할 때 쓰는 여러 농기구들이 여기저기에 함부로 팽개쳐져 있어서 지저분하기가 이를 데 없었습니다.

"도대체 누가 이렇게 신전을 어지럽혀 놓은 걸까?"

프시케는 신전 구석구석을 살피며 에로스를 찾아보았습니다.

하지만 에로스의 모습은 어디에도 보이지 않았습니다. 프시케는 온몸의 힘이 쭉 빠지는 것 같았습니다.

"아아, 이곳은 에로스 님의 신전이 아닌가 봐."

실망한 프시케는 깊은 한숨을 내쉬었습니다. 그리고는 천천히 주위를 둘러보았습니다. 그 어디에도 신전을 돌보는 손길이 느껴지지 않았습니다.

"비록 에로스 님은 없지만, 이 신전을 그냥 놔두고 갈 수는 없어. 내 손으로 치워야지."

프시케는 신전 안을 정성스럽게 치우기 시작했습니다. 먼저 바닥에 흩어져 있는 곡식들을 종류별로 모아 밀은 밀대로, 보리는 보리대로 단을 묶었습니다.

여기저기 흩어져 있는 농기구들도 한쪽에 차곡차곡 정리했습니다. 그런 다음, 오랫동안 너저분하게 내버려 둔 신전을 말끔히 청소했습니다.

'내가 경건한 마음으로 이곳을 치우면, 이곳의 신이 나에게 자비를 베풀어 주실지도 몰라.'

프시케는 구슬땀을 흘리며 열심히 청소했습니다. 프시케가 정성을 다해 치우는 그 신전은 바로 대지와 농업의 여신 데메테르의 신전이었습니다.

데메테르는 흐뭇한 미소를 지으며 프시케를 내려다보고 있었습니다.

"휴, 구석구석 닦으니 이제 깨끗해졌네. 이곳의 신도 틀림없이 좋아하실 거야."

　그렇게 프시케의 손길이 닿자, 오랫동안 너저분하게 방치되어 있던 데메테르의 신전이 말끔해졌습니다.

　신전을 다 치우고 나자 프시케는 마음이 기쁨으로 가득 차는 것을 느꼈습니다. 이마에 송송 맺힌 땀방울을 닦으며 잠시 앉아 쉬던 프시케는 어느새 신전 바닥에 누워 깜빡 잠이 들고 말았습니다.

　그때였습니다. 신전 문이 열리면서 데메테르 여신이 나타났습니다. 데메테르는 잠든 프시케의 머리카락을 쓰다듬으며 말했습니다.

　"오! 가엾은 프시케. 너는 참으로 착한 마음씨를 지녔구나!"

프시케는 깜짝 놀라 몸을 일으켜 세웠습니다.

"아, 당신은 누구신가요?"

"나는 데메테르 여신이란다. 너는 가엾게도 아프로디테 여신의 저주를 받았구나. 비록 너를 그 저주에서 구할 수는 없지만, 여신의 분노를 가라앉힐 방법은 알려 줄 수 있단다."

"오, 데메테르 님, 정말인가요? 정말로 제게 아프로디테 님의 화를 누그러뜨릴 방법을 일러 주시는 건가요?"

데메테르의 말을 들은 프시케는 에로스를 다시 만날지도 모른다는 희망에 가슴이 마구 뛰었습니다.

"지금 즉시 아프로디테 여신의 신전을 찾아가 무릎을 꿇고 진정으로 그분을 너의 신으로 모실 거라고 맹세해라. 너의 아름다움이 아프로디테 여신으로부터 비롯된 것임을 고백하고, 겸손과 순종으로 여신께 용서를 빌면 된단다."

프시케는 그렇게만 하면 정말로 아프로디테의 화가 풀릴지 궁금했습니다.

데메테르가 따뜻한 미소를 지으며 프시케의 손을 잡았습니다.

"네가 진실로 용서를 구한다면 아프로디테도 너에 대한 노여움을 거두고 은총을 베풀어 네 남편을 돌려줄 거란다."

대지와 농업의 여신 데메테르

데메테르는 '대지의 어머니'라는 뜻으로, 곡물의 성장과 농업을 다스리는 여신이에요. 고대 그리스인들은 한 해 농사가 잘 되려면 대지의 어머니 데메테르 여신에게 잘 보여야 한다고 생각했어요. 데메테르가 인간에게 농업이라는 커다란 은혜를 베풀어 주었다고 믿었기 때문이지요. 그래서 사람들은 데메테르를 다른 올림포스의 신들보다 더 오래전부터 섬겼어요.

프시케는 데메테르 여신의 말을 가슴 속에 새기고 아프로디테의 신전을 향해 떠났습니다.

"그래, 아프로디테 님을 찾아가 엎드려 용서를 비는 거야. 진심으로 잘못을 뉘우치고 용서를 구하면 에로스 님을 만나게 해 주실 거야. 데메테르 님, 정말 고맙습니다."

하지만 아프로디테의 신전이 점점 가까워질수록 프시케는 자신감을 잃었습니다. 아무리 생각해도 아프로디테의 분노가 쉽게 사그라질 것 같지 않았기 때문입니다.

'정말 아프로디테 님이 나를 용서해 주실까?'

프시케는 아프로디테 앞에서 어떤 말을 해야 여신이 노여움을 풀지 고민에 휩싸였습니다. 어느새 신전 앞에 다다른 프시케는 다시 한번 마음을 다잡고 신전 안으로 들어갔습니다.

　프시케가 신전 안으로 들어서자 아프로디테는 기다렸다는 듯 무섭게 소리를 질렀습니다.

　"네가 감히 여기가 어디라고 찾아왔느냐!"

　프시케는 아프로디테 앞에 무릎을 꿇고 용서를 빌었습니다.

　"아프로디테 님, 하찮고 어리석은 저를 용서해 주세요. 저는 아프로디테 님을 주인으로 섬길 수만 있다면 무엇이든 하겠습니다."

　프시케는 진심 어린 마음으로 용서를 구했습니다. 하지만 아프로디테는 여전히 화가 풀리지 않았습니다.

　아프로디테는 차가운 목소리로 말했습니다.

"어리석은 프시케, 이제야 네가 섬겨야 할 주인이 누구인지를 깨달은 것이냐? 너는 신처럼 떠받들어져야 하는 존재가 아니라 주인을 섬기는 종에 불과하다. 그런데도 내 아들 에로스는 너 때문에 마음의 상처를 입고 몸져누워 있다. 설마 뻔뻔하게 에로스를 보러 온 것은 아니겠지?"

프시케는 자신 때문에 에로스가 마음의 상처를 입고 괴로워한다는 말을 듣고 가슴이 찢어질 듯 아팠습니다.

"아프로디테 님! 제발 저를 용서하시고 에로스 님을 만날 수 있게 해 주세요."

프시케가 눈물을 흘리며 간절히 부탁하는데도 아프로디테는 들은 척도 하지 않았습니다. 오히려 더 불같이 화를 낼 뿐이었습니다.

"세상에 너처럼 믿음 없고 가벼운 아이가 또 어디 있겠느냐! 에로스가 나의 명령까지 어기면서 너와 결혼했건만, 너는 남편과의 약속을 헌신짝 버리듯이 했다. 그러고선 이제 와서 나의 용서를 구하는 것이냐?"

"아, 아프로디테 님, 제가 큰 죄를 지었습니다. 무슨 벌을 내리시든지 달게 받겠습니다. 다만 제 남편인 에로스 님을 한 번만이라도 만나게 해 주세요."

"그래? 어떤 벌이라도 받겠단 말이지? 그렇다면 네 소원대로 해 주지!"

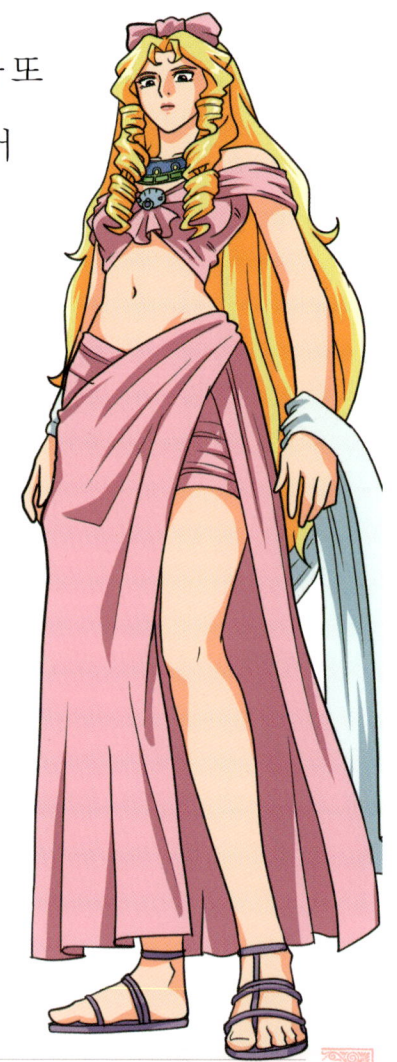

아프로디테 앞에 엎드린 프시케

프시케는 에로스를 만나려고 아프로디테의 신전까지 찾아갔어요. 근엄한 얼굴로 프시케를 내려다보는 아프로디테의 모습이 무척 거만하게 느껴지지요. 그 아래 고개를 푹 숙이고 잘못을 비는 프시케는 안쓰러움을 자아내요.

〈아프로디테 옥좌 아래의 프시케〉 에드워드 매튜 헤일

프시케와 아프로디테의 비둘기

목욕하는 프시케를 그린 그림이에요. 프시케가 목욕하는 곳 뒤쪽의 검은 커튼 주변에는 하얀 비둘기들이 있답니다. 비둘기는 아프로디테가 가장 아끼는 새로, 이 그림 속 비둘기는 프시케를 질투하는 아프로디테의 마음을 표현한 것이라고 볼 수 있어요.

〈목욕하는 프시케〉 프레더릭 레이턴

아프로디테는 신전 안에 있는 창고로 프시케를 데리고 갔습니다. 창고 안에는 수많은 밀과 보리, 기장, 콩 등이 한데 뒤섞여 수북이 쌓여 있었습니다. 그것은 모두 아프로디테가 아끼는 비둘기들의 모이였습니다.

"자, 이제 네가 용서 받을 수 있는 길은 내 명령에 따라 부지런히 일하는 것뿐이다. 저녁이 되기 전까지 이곳에 쌓인 곡식들을 한 알도 남김없이 종류별로 가려 놓아라!"

아프로디테의 말에 프시케는 눈앞이 캄캄해져 아무 말도 못 하고 서 있었습니다.

"명심해라, 프시케! 이것은 네가 내 아들의 아내로서 자격이 있는지 시험해 보는 것이다. 한 치의 어김없이 내가 명한 대로 해야 할 것이다."

아프로디테는 이 말을 끝으로 자리를 떠났습니다.

혼자 남겨진 프시케는 산더미 같이 쌓인 곡식들을 그저 멍하니 바라보았습니다.

"아, 무슨 수로 이 많은 곡식들을 종류별로 골라 놓지?"

프시케는 바닥에 털썩 주저앉았습니다. 곡식의 양이 워낙 많아 손을 댈 엄두조차 나지 않았습니다.

하지만 그대로 앉아 있을 수만은 없었습니다. 프시케는 에로스를 떠올리며 두 주먹을 불끈 쥐었습니다.

"에로스 님, 무슨 일이든 해내서 당신을 꼭 만나러 가겠어요!"

프시케는 곡식들을 한 톨씩 가려내기 시작했습니다. 팔과 어깨가 뻐근하게 아프고 이마에 송글송글 땀이 맺혔습니다.

"좀 더 힘을 내자. 이 일만 해내면 아프로디테 님이 에로스 님을 만나게 해 주실 거야."

프시케는 부지런히 곡식을 가려냈습니다. 하지만 시간만 흐를 뿐 골라내야 할 곡식의 양은 줄지 않았습니다. 프시케는 아무리 부지런히 일해도 자신의 힘으로는 어림도 없다는 사실을 깨닫고는 눈시울을 붉혔습니다.

"아아, 에로스 님! 당신을 영영 볼 수 없는 건가요?"

이때 멀리서 절망에 빠진 프시케의 모습을 지켜보는 이가 있었습니다.

그는 바로 프시케의 남편 에로스였습니다. 비록 프시케가 약속을 어기긴 했지만, 여전히 에로스는 프시케를 사랑하고 있었던 것입니다. 어머니의 말도 안 되는 명령을 따르는 프시케를 지켜보면서 에로스는 마음 한구석이 무너져 내리는 것만 같았습니다.

'어떻게 저런 말도 안 되는 일을……. 아무래도 안 되겠다. 내가 나서야겠어.'

에로스는 들판의 주인인 개미들을 불렀습니다. 그러자 대장 개미가 대군을 이끌고 나타났습니다.

"에로스 님, 부르셨습니까?"

"너희는 지금부터 어머니의 신전 창고로 가서 프시케를 도와주어라."

"예, 저희가 어떻게 도우면 될까요?"

"그곳에 가면 프시케가 혼자서 곡식들을 종류별로 골라 모으고 있을 것이다. 가여운 프시케가 하기에는 결코 쉽지 않은 일이지. 하지만 들판의 주인인 너희가 나서서 도와준다면 프시케는 그 일을 쉽게 마칠 수 있을 거야."

"걱정 마십시오. 곡식을 나르는 일이라면 저희가 최고죠!"

에로스의 명령을 받은 개미들은 재빠르게 움직였습니다.

신전의 모든 개미들이 대장 개미를 따라 여섯 개의 다리를 부지런히 움직이며 줄줄이 창고로 향했습니다. 창고에 도착한 개미들은 곡식을 한 톨씩 머리에 이고는 종류별로 골라 나르기 시작했습니다. 개미들의 몸이 하도 자그마해서 머리에 인 곡식만 보여, 멀리서 보면 마치 곡식 한 톨 한 톨이 스스로 움직이는 것처럼 보였습니다. 바닥에 주저앉아 눈물을 흘리던 프시케는 이 광경을 보고 깜짝 놀랐습니다.

　　수많은 개미들이 바쁘게 움직이며 곡식을 나른 덕분에 눈 깜짝할 사이에 곡식들이 종류대로 산처럼 쌓여 가지런히 정리된 것입니다. 일을 마친 개미들을 향해 프시케는 환하게 미소를 지어 보였습니다.

　　"개미들아, 정말 고마워! 이 은혜는 잊지 않을게."

　　프시케는 일을 마치고 서둘러 창고 밖으로 사라지는 개미들에게 고마운 마음을 전했습니다.

개미들의 도움으로 첫 번째 일을 무사히 마친 프시케는 떨리는 마음으로 아프로디테가 오기만을 기다렸습니다.

"아프로디테 님이 시킨 일을 다 했으니 에로스 님을 만나게 해 주시겠지?"

프시케는 에로스를 곧 만날 수 있다는 생각에 가슴이 벅차올랐습니다.

드디어 저녁 무렵이 되었습니다.

신들의 만찬에 갔던 아프로디테가 돌아왔습니다. 아프로디테의 머리에는 장미 화관이 얹혀 있고 아름다운 드레스에서는 향기가 났습니다.

"후후, 아직도 쩔쩔매며 곡식들을 가르고 있겠지?"

아프로디테는 만족스러운 미소를 지으며 창고를 향해 발걸음을 옮겼습니다. 그런데 창고로 들어선 순간 아프로디테의 얼굴이 굳어졌습니다. 예상했던 것과 달리 창고 안의 곡식들이 종류별로 잘 정리되어 있었기 때문입니다.

"이럴 수가! 이게 어떻게 된 일이지?"

"어어……. 아프로디테 님!"

프시케는 몸을 떨었습니다.

"못된 계집아이로구나! 이게 전부 네가 한 것이란 말이냐? 내 아들 에로스에게 도움을 청한 게 분명해. 그렇지?"

"아니에요. 그게 아니고……."

아프로디테는 프시케의 말은 들으려고도 하지 않았습니다.

"어디 두고 보자! 너도, 에로스도 결코 용서하지 않을 테다."

아프로디테는 프시케에게 저녁 식사로 딱딱한 빵 한 조각을 던져 주고는 나가 버렸습니다. 곡식을 말끔히 정리해 놓으면 에로스를 만날 줄로만 알았던 프시케는 또다시 깊은 절망에 빠졌습니다. 에로스를 만나기까지 프시케가 가야 할 길은 아직도 한참 멀어 보였습니다.

다음 날 아침, 아프로디테는 프시케를 불렀습니다. 프시케는 겁에 질려 감히 아프로디테를 쳐다보지도 못했습니다.

"자, 저 강가에 길게 뻗어 있는 숲을 보아라."

프시케는 고개를 들어 아프로디테가 가리키는 곳을 바라보았습니다.

"저곳에 가면 양 떼가 양치기도 없이 풀을 뜯고 있을 것이다. 가서 보면 알겠지만, 그 양들은 모두 황금빛 털을 갖고 있지. 거기 있는 모든 양의 황금빛 털을 한 움큼씩 뽑아 오너라."

프시케는 고개를 끄덕이며 대답했습니다.

"네, 그렇게 하겠습니다."

"하지만 명심해라. 이번에는 반드시 네 힘으로 해야 한다!"

프시케는 어떻게 해서든 아프로디테가 시킨 일을 꼭 해내리라 굳게 마음먹었습니다.

강으로 가는 길은 눈부신 아침 햇살로 반짝였습니다. 아프로디테의 말대로 강 건너편에는 황금빛 털이 난 양들이 조용히 풀을 뜯고 있었습니다.

"그래, 이번에는 기필코 내 힘으로 아프로디테 님의 명령을 해내는 거야."

프시케는 황금빛 양 떼가 있는 곳으로 가기 위해 강물에 발을 담갔습니다. 그때 어디선가 낯선 소리가 들렸습니다. 마치 갈대들이 서로 부딪치며 내는 노랫소리 같았습니다. 프시케는 멈춰 서서 그 소리에 귀를 기울였습니다.

"가혹하고 모진 시험을 받고 있는 아름다운 아가씨, 내 노래를 들어 봐요."

프시케는 그 속삭이는 소리가 자신에게 하는 말임을 알고 깜짝 놀랐습니다. 주위를 둘러보니 강 저편에서 무언가가 보이기 시작했습니다. 모습을 드러낸 것은 강의 신이었습니다. 강의 신은 프시케에게 황금빛 양털을 구하는 방법에 대해 일러 주었습니다.

"아름다운 프시케, 절대로 이 위험한 강을 건너지 말고, 풀을 뜯는 사나운 양 떼 속으로 들어가려고도 하지 말아요. 해가 떠오르면 황금빛 양 떼는 뜨거운 해의 기운을 받아 사나워진답니다. 하지만 한낮이 되고 양 떼가 그늘을 찾아 쉬면 사나움도 누그러질 거예요. 그때 강을 건너가 덤불이나 나뭇가지에 붙어 있는 황금빛 양털을 거두면 돼요."

프시케는 강의 신이 말한 대로 강을 건너지 않고 바위 뒤에 숨어 한낮이 되기를 조마조마하게 기다렸습니다.

어느덧 시간이 흐르고 풀을 뜯는 황금빛 양들의 머리 위로 태양이 내리쬐기 시작했습니다. 그러자 황금빛 양들은 시원한 나무 그늘 아래로 모여들었습니다.

"바로 지금이야! 어서 강을 건너야지."

양들이 움직이는 모습을 유심히 지켜보던 프시케는 이때다 싶어 조심조심 강을 건넜습니다.

강 건너편에 도착한 프시케는 덤불과 나뭇가지에 걸린 황금빛 양털을 빠짐없이 모아 소중하게 가슴에 품었습니다. 정성껏 모은 황금빛 양털이 햇살을 받으며 눈부시게 빛났습니다. 양털을 안고 있는 프시케의 얼굴에도 밝은 미소가 떠올랐습니다.

'이제 드디어 에로스 님을 만날 수 있게 됐어.'

황금빛 양털을 한 아름 안고 신전으로 돌아온 프시케는 아프로디테에게 양털을 바쳤습니다.

84 　프시케를 시험하는 아프로디테

황금빛 털을 가진 양

황금빛 털을 가진 양은 바다의 신 포세이돈과 테오파네라는 아름다운 처녀 사이에서 태어났어요. 이 양은 인간의 말을 할 줄 알고 하늘을 나는 능력도 지니고 있었어요. 그리스의 영웅 이아손이 아르고 호를 타고 모험을 떠난 이유도 바로 이 황금빛 양털을 얻기 위한 것이었어요. 성미가 사나워서 함부로 접근했다가는 목숨을 잃을 수도 있었는데, 아프로디테는 그걸 알면서도 프시케에게 이 양의 털을 뽑아 오라는 일을 시킨 것이지요.

 "나의 여신, 아프로디테 님. 당신의 명령에 따라 황금빛 양털을 가져왔습니다."

 하지만 아프로디테는 프시케가 가져온 황금빛 양털을 보고 차가운 말투로 꾸지람을 늘어놓았습니다.

 "이번에도 내가 시킨 일을 해내기는 했지만, 그것이 너의 힘으로 한 것이 아님을 내가 모를 것 같으냐? 이것 역시 강의 신의 도움을 받아 한 것이 아니냐!"

 프시케는 아프로디테의 말에 어떤 변명도 할 수 없었습니다.

아프로디테는 싸늘한 표정으로 프시케를 바라보며 말했습니다.
"나는 네가 시킨 일을 열심히 했다는 것을 도저히 믿을 수가 없구나. 이제 너에게 마지막 명령을 내리겠다."

프시케는 아프로디테의 말에 고개를 숙이고 비장한 얼굴로 대답했습니다.

"이번에는 반드시 제 힘으로 여신님의 명령을 따르겠습니다."

"그래? 그렇다면 나도 약속하마. 네가 이 마지막 일을 해내면 에로스를 만나게 해 주지. 하지만 만약 실패한다면 다시는 네 남편을 만날 수 없을 것이다."

아프로디테는 자기 앞에 놓인 상자를 가리키며 프시케에게 명령했습니다.

"이 상자를 가지고 지하 세계 에레보스로 가거라!"

"예? 에레보스라고요?"

프시케는 심장이 멎는 것만 같았습니다.

에레보스

에레보스는 본디 '어둠', '암흑'을 뜻하는 어둠의 신이에요. 태초의 우주인 카오스의 자식이며, 밤의 여신 닉스와의 사이에서 에로스를 낳았다고도 전해져요. 원래는 신을 일컫는 말이었지만, 시간이 흐르면서 죽은 자들이 사는 곳을 뜻하는 말로 바뀌었어요. 하데스가 지하 세계를 둘로 나눌 때, 하나는 죽은 자들이 지나는 곳 에레보스로, 다른 하나는 괴물을 가두는 영원한 지옥 타르타로스로 나누었다고 해요.

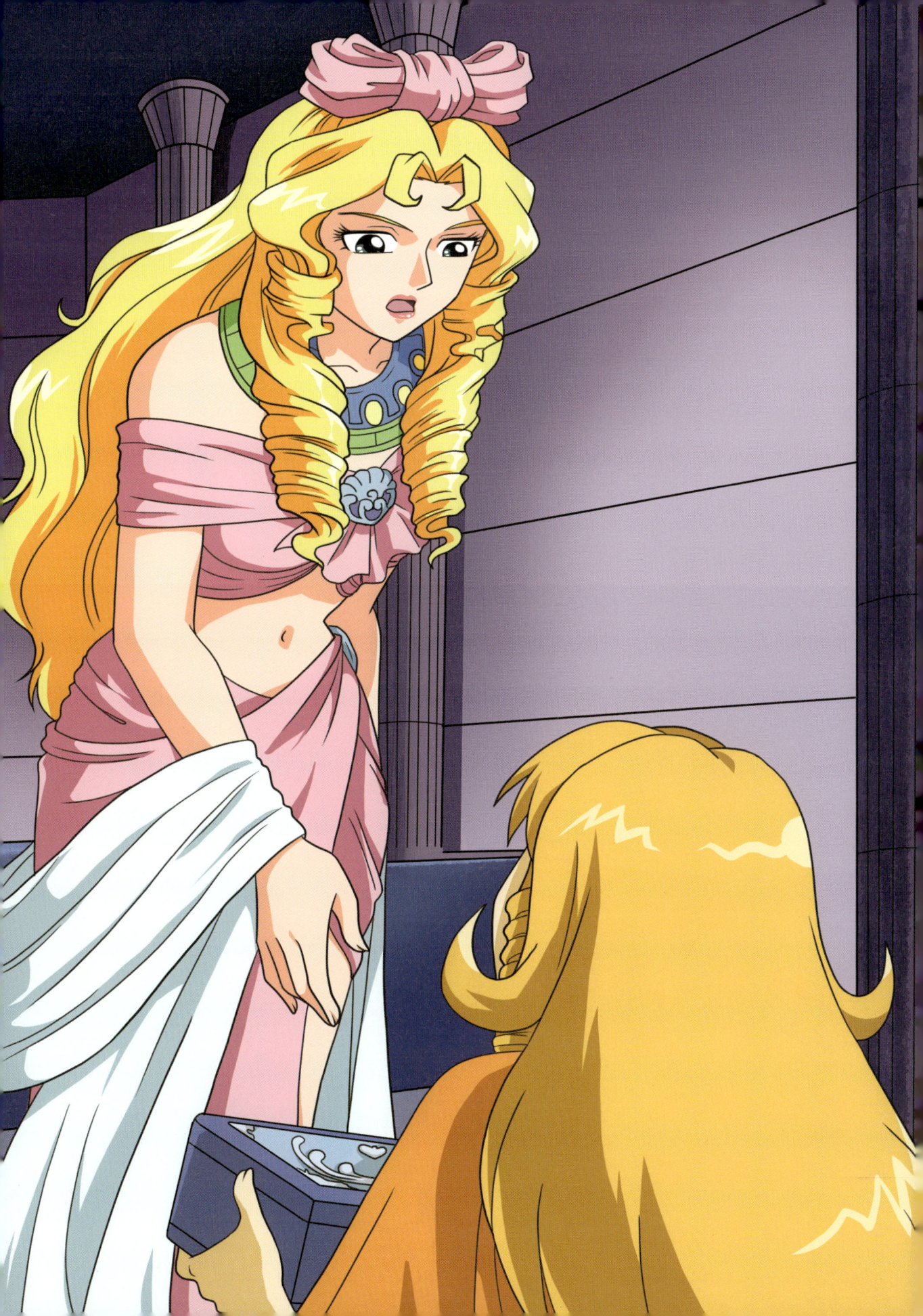

"그래. 그곳에 가서 페르세포네에게 이 상자를 건네주고 이렇게 전해라. '나의 주인인 아프로디테 님이 당신의 아름다움을 조금 나누어 받기를 원합니다. 아파서 누워 있는 아들을 간호하느라 조금 야위었기 때문입니다.'라고 말이다. 나는 오늘 밤 그것으로 곱게 꾸미고 올림포스 신들의 만찬에 참석할 예정이니 서둘러 돌아와야 한다! 알겠느냐?"

"예, 명심하겠습니다."

프시케는 상자를 받아 들고는 신전 밖으로 나왔습니다. 프시케는 자신의 운명이 다되었다고 생각했습니다. 왜냐하면 지하 세계는 죽은 영혼들만 갈 수 있는 곳이기 때문입니다. 하지만 아프로디테의 마지막 명령을 거역할 수는 없었습니다.

"이 일을 하지 않으면 에로스 님을 다시는 만날 수 없어……."

프시케는 에로스를 떠올리며 눈물을 흘렸습니다.

"아, 이렇게 울고만 있을 순 없지. 시간이 얼마 남지 않았어. 서둘러야 해."

프시케는 기운을 내어 다시 일어섰습니다.

아프로디테의 시험을 치르는 프시케

프시케는 아프로디테가 시킨 어려운 일들을 여러 존재의 도움을 받아 잘 이겨 냅니다. 아프로디테가 명령한 일들은 엄청난 노력과 희생이 따르는 까다롭고 어려운 것들이었어요. 그림에는 곡식 낟알을 정리하고, 황금빛 양털을 가져오는 어려운 일을 잘 수행하고 있는 프시케의 여러 모습이 담겨 있어요.

〈프시케의 임무〉 존 로뎀 스펜서 스탠호프

프시케를 시험하는 아프로디테

　에로스는 사랑의 신으로, 오늘날 여자와 남자 사이의 사랑을 일컫는 말이기도 합니다. 로마 신화에서는 '아모르' 또는 '큐피드'라는 이름으로 등장하지요. 오래된 전설에 따르면 에로스는 카오스(혼돈)의 아들이라고도 하고, 밤의 여신 닉스의 알에서 태어났다고도 전해집니다.

　이처럼 에로스의 탄생에 얽힌 이야기는 여러 가지가 있지만, 그 가운데서도 사랑과 미의 여신 아프로디테의 아들이라는 설이 가장 널리 퍼져 있습니다.

　사랑의 신 에로스는 신과 인간을 모두 다스리는 위대한 신의 위치에서 남자와 여자가 사랑으로 하나가 되어 새로운 생명을 탄생시키도록 이끄는 존재입니다.

　그런데 이 이야기에서 흥미로운 점은 다른 이들을 사랑에 빠지게 하는 에로스가 처음으로 인간을 사랑하게 되었다는 점입니다. 비록 실수로 그렇게 되기는 했지만, 어쨌든 이름만 사랑의 신이었던 에로스가 드디어 불같은 사랑의 열병에 걸린 것입니다.

    아마도 에로스는 자신이 직접 사랑을 경험하기 전까지는 사랑이 주는 행복과 고통에 대해 알지 못했을 것입니다. 그래서 아무렇지 않게 화살을 쏘아 장난을 쳤던 것이겠지요. 하지만 프시케를 사랑하게 됨으로써 에로스는 사랑으로 인한 행복과 불행, 고통을 모두 경험하게 됩니다. 프시케와 떨어져 지내는 동안 에로스는 진정한 사랑을 다시금 깨닫고 어려움에 처한 프시케를 도와줍니다. 그리고 에로스는 프시케와 맺어지면서 참다운 사랑의 신으로 거듭나게 됩니다.

    에로스와 프시케라는 말은 그리스어로 '사랑과 영혼'이라는 의미입니다. 이것을 보면, 온전한 사랑이란 에로스의 '사랑'에 프시케의 깊은 '영혼'이 깃든 것임을 알 수 있습니다.

3장
사랑을 되찾은 프시케

　프시케는 에레보스로 가기 위한 방법을 놓고 고민했습니다. 하지만 아무리 생각해도 답은 하나였습니다.

　"에레보스로 가는 길은 역시 그것밖에 없어."

　프시케는 스스로 목숨을 끊기로 마음먹었습니다. 그리고 끝이 보이지 않는 탑 꼭대기로 올라갔습니다.

　탑의 가장 높은 꼭대기에 다다른 프시케는 까마득한 아래를 내려다보며 긴 한숨을 내쉬었습니다. 죽으려고 굳게 마음먹었지만, 막상 뛰어내리려니 발이 떨어지질 않았습니다.

"아, 에로스 님, 당신을 만날 수만 있다면 여기서 뛰어내려 죽더라도 후회하지 않을 거예요."
프시케는 눈을 질끈 감고 탑 꼭대기에서 뛰어내리려고 했습니다.

그때 갑자기 탑 안에서 어떤 소리가 들려왔습니다.

"불쌍한 여인이여, 무슨 사연이 있기에 귀한 목숨을 내던지려 하는가?"

프시케는 깜짝 놀라며 주위를 두리번거렸습니다.

"대체 누구신가요? 저는 한시 바삐 지하 세계로 가야만 해요."

프시케가 대답하자 이번에는 나무라는 듯한 목소리가 들려왔습니다.

"이제까지 여러 번 신들의 보호를 받은 네가 마지막 순간에는 왜 이리 쉽게 무너지는 것이냐. 혹시 너무 두렵고 겁이 나서 그러는 것이냐?"

"아닙니다. 제 목숨 따위는 중요하지 않습니다. 에로스 님을 만날 수만 있다면 여기서 뛰어내리는 것쯤은 아무것도 아니에요."

프시케는 에로스를 만나고 싶은 간절한 소원을 이야기했습니다.

그러자 다시 탑 안에서 이런 말이 들려왔습니다.

"그렇다면 죽지 않고도 에레보스로 갈 수 있는 방법을 알려 주겠다. 이 탑 아래로 내려가면 동전 두 개와 빵 두 덩이가 있을 것이다. 그 동전과 빵을 가지고 서쪽으로 가면 된다."

프시케는 얼른 탑 꼭대기에서 내려와 맨 아래층으로 갔습니다. 정말 탑 아래에 동전 두 개와 빵 두 덩이가 놓여 있었습니다. 탑 안에서 들려오는 목소리는 지하 세계로 가는 동굴을 알려 주면서 암흑의 강을 건너는 법, 머리 셋 달린 개 케르베로스 앞을 지나는 법 등 앞으로 만날 위험에 대처할 방법들을 자세히 가르쳐 주었습니다. 그리고 마지막으로 이 말을 덧붙였습니다.

"반드시 기억해라. 페르세포네가 상자에 아름다움을 가득 채워 주면 그것을 받아 가지고 오되 절대로 상자를 열어서도, 안을 들여다봐서도 안 된다. 여신들이 가진 아름다움의 비밀을 알려고 해서는 안 되니, 이를 명심하여라."

"예, 알겠습니다. 절대 상자를 열어 보지 않을게요."

프시케는 잔뜩 긴장해 시키는 대로 하겠다고 대답했습니다.

　프시케는 곧바로 지하 세계를 찾아 길을 떠났습니다. 서쪽 끝에 다다르자 지하 세계로 이어지는 동굴이 나타났습니다.
　"여기가 바로 에레보스로 통하는 동굴인가 보구나."
　프시케는 어두컴컴한 동굴 안으로 들어갔습니다.
　그런데 동굴 안으로 깊이 들어갈수록 한 치 앞도 보이지 않는 어둠이 점점 더 짙어졌습니다. 그 순간 프시케는 끝을 알 수 없는 어두운 구멍 속으로 미끄러지고 말았습니다.
　"아아악!"

프시케는 날카로운 비명을 지르며 동굴 안으로 빨려 들어갔습니다. 정신을 잃고 쓰러져 있던 프시케는 간신히 몸을 일으켜 세웠습니다.

프시케의 눈앞에는 검고 넓은 강이 흐르고 있었습니다.

"여기가 도대체 어디지?"

그때 어두운 강 저편에서 무슨 소리가 들려왔습니다. 프시케는 얼른 소리가 나는 쪽으로 달려갔습니다. 그곳에는 나룻배 한 척이 있었습니다. 나룻배는 프시케가 있는 곳으로 점점 다가왔습니다. 그 배는 죽은 자들을 지하 세계로 안내하는 카론의 배였습니다.

카론은 프시케가 서 있는 강가에 배를 댔습니다.

"카론 님, 제발 이 강을 건너게 해 주세요. 저는 지하 세계로 가서 페르세포네 님을 만나야 한답니다."

프시케가 간절히 부탁했지만, 카론은 버럭 화를 내며 말했습니다.

"산 사람은 이 강을 건널 수 없다는 걸 모르느냐?"

프시케는 몹시 겁이 났지만, 이내 탑 안의 목소리가 알려 준 대로 가지고 있던 동전을 얼른 카론에게 내밀었습니다.

"자, 이 동전을 받고 저를 강 건너편으로 데려다주세요."

동전을 건네받은 카론이 말했습니다.

"네가 이 강을 무사히 건넌다 해도 지하 세계의 문을 지키는 무시무시한 케르베로스를 통과하기는 어려울 것이다."

"그렇지 않아요. 저는 무슨 일이 있더라도 페르세포네 님을 만날 거예요. 제발 배를 태워 주세요."

결국 카론은 프시케의 부탁을 뿌리치지 못하고 나룻배를 태워 주었습니다.

카론에게 동전을 건네는 프시케

암흑의 강에서 뱃사공인 카론을 만난 프시케가 동전을 내밀며 강을 건너게 해 달라고 부탁하고 있어요. 이때 카론이 무엇인가 프시케의 입에 넣어 주고 있어요. 저승의 음식을 먹으면 저승에 속하는 사람이 된다는 이야기를 화가가 표현한 것 같아요.

〈카론과 프시케〉 존 로뎀 스펜서 스탠호프

그때였습니다. 프시케가 몇 발자국을 채 떼기도 전에 엄청나게 크고 사나운 개 케르베로스가 프시케 앞에 떡하니 나타났습니다.

'음, 저게 바로 지하 세계의 문지기 케르베로스구나.'

케르베로스는 날카로운 이빨을 드러내며 사납게 으르렁거렸습니다. 그러고는 프시케를 향해 조금씩 다가왔습니다.

"크르르르릉!"

프시케는 케르베로스에게 밀려 한 발만 더 디디면 강에 빠질 지경이 되었습니다. 케르베로스는 계속 사납게 으르렁대며 프시케를 위협했습니다.

바로 그때, 문득 탑 안의 목소리가 알려 준 방법이 떠올랐습니다.

'맞아, 케르베로스한테 빵 한 덩이를 던져 주랬지.'

"크아앙!"

프시케는 사납게 달려드는 케르베로스를 향해 재빨리 가져온 빵 하나를 던졌습니다. 그러자 케르베로스의 머리 세 개가 서로 빵을 차지하려고 다투기 시작했습니다. 프시케는 케르베로스가 정신없이 싸우는 틈을 타 간신히 지하 세계의 문으로 들어갔습니다.

온갖 고생 끝에 지하 세계에 도착한 프시케는 하데스의 궁전으로 갔습니다. 하데스의 하인들은 프시케를 반갑게 맞이하며 아름다운 의자를 내오고 먹음직스러운 음식을 차려 놓았습니다. 하지만 프시케는 그 모든 것을 사양하고 거칠고 딱딱한 빵으로 식사를 대신했습니다. 그런 다음 바로 페르세포네를 만나러 갔습니다.

"페르세포네 님, 저는 아프로디테 님의 심부름을 받고 온 프시케입니다."

"방금 아프로디테의 심부름이라 했느냐?"

페르세포네가 묻자 프시케는 아프로디테 한테서 받은 상자를 내밀었습니다.

"아프로디테 님께서 저에게 페르세포네 님의 아름다움을 조금 얻어 이 상자에 담아 오라 하셨습니다."

"나의 아름다움을? 그게 왜 필요한 거지?"

"예, 아프로디테 님의 아들 에로스 님이 아파 누워 있거든요. 아들을 간호하느라 아프로디테 님이 조금 수척해졌습니다. 그래서 페르세포네 님의 아름다움이 필요하다 하셨습니다."

"음, 그래. 상자를 내게 다오."

페르세포네는 상자를 열어 자신의 아름다움을 채워 주었습니다.

"여기 아프로디테가 원하는 것을 채웠으니 가지고 돌아가거라."

상자를 건네받은 프시케는 고개 숙여 감사의 인사를 올렸습니다.

"페르세포네 님, 정말 감사합니다."

프시케는 귀한 상자를 소중히 품에 안고 궁전을 나왔습니다. 그러고는 서둘러 지하 세계를 뒤로 하고 왔던 길을 되돌아가기 시작했습니다.

"아, 이제 곧 에로스 님을 만날 수 있겠구나."

한참을 걷던 프시케는 저 멀리에서 밝은 햇살이 비치는 것을 보았습니다. 지하 세계의 끝이 보이자 프시케는 한없이 기뻤습니다. 눈부신 햇살과 아름다운 초원이 눈앞에 펼쳐지기라도 한 듯 프시케의 마음은 마냥 설레었습니다.

이제 아프로디테한테 상자를 전하는 일만 남았다고 생각하니 긴장이 풀리고 입가에는 미소가 절로 피어났습니다.
'아, 위험한 일은 다 지나갔어. 에로스 님, 조금만 저를 기다려 주세요.'

마침내 프시케는 지하 세계를 벗어났습니다. 아프로디테에게 빨리 상자를 건네고 싶은 마음에 프시케의 발걸음은 점점 빨라졌습니다. 그런데 문득 프시케는 상자 속에 든 것이 무엇인지 궁금해졌습니다.

'이 상자에는 도대체 무엇이 들어 있는 걸까?'

하지만 절대로 상자를 열어 보지 말라는 탑 안의 목소리가 떠올라 호기심을 꾹 눌렀습니다.

"이것만 아프로디테 님께 갖다 드리면 에로스 님을 만날 수 있어."

하지만 기쁨도 잠시, 아프로디테의 신전이 가까워지자 프시케는 이런저런 걱정에 휩싸였습니다.

"그런데 만약 에로스 님이 날 용서해 주지 않으면 어떡하지? 내가 그분의 사랑을 의심하고 약속을 어겨서 더 이상 나를 사랑하지 않을지도 몰라."

그런 걱정을 하며 상자를 내려다보던 프시케는 상자에 비친 자신의 모습을 보고 깜짝 놀랐습니다. 지금껏 겪은 고생 때문인지 얼굴이 많이 상해 있었던 것입니다.

"이런, 얼굴이 엉망이잖아. 이런 모습으로 에로스 님을 만날 수는 없어."

프시케는 상자를 열고 그 안의 아름다움을 아주 조금만 발라 보고 싶어 견딜 수가 없었습니다.

"지하 세계까지 내려가 심부름을 했는데, 상자 안의 아름다움을 조금 찍어 바른다고 큰 죄가 되지는 않겠지? 이 상자 속에 든 아름다움을 조금만 빌리면 에로스 님에게 예쁘게 보일 수 있을 텐데……."

하지만 곧 프시케는 고개를 절레절레 흔들었습니다.

'안 돼! 내가 지금 무슨 생각을 하는 거지? 절대로 상자를 열어선 안 된다고 했잖아.'

프시케는 이러지도 저러지도 못하고 갈팡질팡하며 고민에 빠졌습니다.

'하지만 난 에로스 님에게 아름답게 보이고 싶어. 그래야 그분이 날 사랑해 주실 거야.'

한참을 망설이던 프시케는 결국 상자를 열어 페르세포네의 아름다움을 조금 빌리기로 마음먹었습니다.

"페르세포네 님이 채워 주신 아름다움은 어떤 것일까?"

프시케는 떨리는 손으로 상자 뚜껑을 조심스럽게 열었습니다.

그런데 페르세포네가 준 상자 안에는 아름다움은 없고 오직 지하 세계의 깊은 잠만 가득 들어 있었습니다. 상자 안에 갇혀 있던 잠은 순식간에 빠져나와 프시케를 휘감았습니다.

"아!"

프시케는 풀밭에 털썩 쓰러졌습니다. 그리고 곧바로 깊은 잠에 빠져들었습니다. 지하 세계의 잠에 빠지면 움직이는 것은 물론, 볼 수도 들을 수도 없었습니다. 프시케는 마치 죽은 사람처럼 깊은 잠에 빠져 숨만 내쉴 뿐이었습니다.

호기심을 참지 못한 프시케

호기심 많은 프시케가 절대 열어서는 안 되는 상자의 뚜껑을 열고 안을 들여다보고 있어요. 조심스레 상자 뚜껑을 여는 프시케의 모습에서 긴장감이 느껴져요. 프시케 발아래에는 양귀비꽃이 그려져 있는데, 이것은 '잠'을 나타내는 꽃이랍니다.

〈목욕하는 프시케〉 프레더릭 레이턴

프시케가 쓰러져 잠들어 있는 동안 에로스는 병상에서 일어났습니다. 에로스는 건강을 회복할수록 프시케에 대한 사랑도 되살아나는 것을 느꼈습니다. 그러던 어느 날 밤, 에로스는 프시케가 그리워 잠을 이루지 못했습니다.

"아, 사랑하는 프시케, 당신은 어디서 무얼 하고 있나요?"

에로스는 더 이상 참지 못하고 자리에서 벌떡 일어났습니다.

"아무래도 안 되겠어. 프시케를 만나러 가야겠다."

나갈 곳을 찾으려고 방 안을 찬찬히 둘러보던 에로스는 창문에 작은 틈이 난 것을 발견했습니다.

"그래, 저 틈으로 나가는 거야."

에로스는 몰래 밖으로 빠져나와 훨훨 날아오르기 시작했습니다.

에로스는 하늘을 날면서 열심히 프시케를 찾았습니다. 푸른 들판을 지나고 강물도 지났지만, 사랑하는 아내 프시케의 모습은 좀처럼 찾을 수가 없었습니다.

"오, 프시케, 당신은 도대체 어디 있나요?"

에로스는 그리운 아내 프시케를 애타게 찾으며 더 힘차게 날갯짓을 했습니다. 퍼덕이는 에로스의 날개가 물결처럼 일렁거렸습니다. 그때였습니다. 들판을 내려다보던 에로스는 풀밭에 누군가 쓰러져 있는 것을 보았습니다.

"아니, 들판에 쓰러져 있는 저 사람은 누구지?"

에로스는 한 여인을 발견하고는 곧장 아래로 내려갔습니다.

에로스는 쓰러져 있는 여인의 얼굴을 들여다보았습니다.

그 여인은 바로 에로스가 그토록 찾아 헤매던 프시케였습니다.

에로스는 프시케를 안아 세웠습니다.

"프시케! 프시케! 일어나 봐요."

그러나 프시케는 꼼짝도 하지 않았습니다.

"프시케, 눈 좀 떠 봐요."

에로스는 프시케를 계속 흔들었습니다. 하지만 프시케는 마치 죽은 사람처럼 눈을 뜨지 못했습니다. 이상한 느낌이 든 에로스는 주변을 샅샅이 살펴보았습니다. 그 순간 에로스의 눈에 뚜껑이 활짝 열린 상자가 들어왔습니다.

"아니, 저건 어머니가 프시케한테 심부름을 시키며 주었던 바로 그 상자가 틀림없는데……. 그렇다면 프시케가 지하 세계의 깊은 잠에 빠졌단 말인가?"

에로스는 황급히 프시케에게서 지하 세계의 잠을 거두어들였습니다. 그러고는 원래대로 빠짐없이 상자 안에 담았습니다. 그런 다음, 어깨에 메고 있던 화살통에서 화살을 꺼내 뾰족한 끝으로 프시케를 살짝 건드렸습니다. 그러자 신기하게도 죽은 사람처럼 누워 있던 프시케가 잠에서 깨어났습니다.

"에, 에로스 님?"

그제야 눈을 뜬 프시케는 에로스를 보고 깜짝 놀랐습니다.

"혹시 제가 꿈을 꾸고 있는 건가요?"

프시케는 눈앞에 에로스가 있다는 것이 믿어지지 않았습니다.

"프시케! 이건 꿈이 아니에요."

아름답고 감미로운 에로스의 목소리에 프시케는 정신이 번쩍 들었습니다. 프시케는 에로스의 따뜻한 품으로 파고들었습니다.

프시케의 눈에서는 뜨거운 눈물이 흘러내렸습니다.

"보고 싶었어요, 에로스 님! 당신의 사랑을 의심하고 약속까지 어긴 저를 용서해 주세요. 제가 너무 어리석었어요."

프시케를 깨우는 에로스

프시케를 찾아 나선 에로스가 지하 세계의 깊은 잠에 빠진 프시케를 발견하고 깨우려 하고 있어요.

〈에로스와 프시케〉 안토니 반 다이크

"당신은 이번에도 그 호기심 때문에 목숨을 잃을 뻔했군요."

"맞아요. 제가 또 호기심을 억누르지 못하고……. 그런데 이제 어쩌면 좋죠? 아프로디테 님의 심부름을 마쳐야 하는데, 상자를 열고 말았으니. 아프로디테 님이 이 사실을 알면 크게 노여워하실 거예요."

"그건 걱정 말아요. 뒷일은 내가 알아서 할 테니, 당신은 이 상자를 가지고 어머니께 가서 심부름을 마무리하도록 해요."

에로스는 프시케에게 지하 세계의 잠이 담긴 상자를 건네주었습니다.

에로스는 프시케를 보내고 나서 번개처럼 빠르게 날아올랐습니다. 올림포스에 있는 제우스를 만나기 위해서였습니다.

에로스는 제우스 앞에 나아가 간절히 부탁했습니다.

"제우스 님, 저는 프시케를 진심으로 사랑합니다. 하지만 어머니께서는 프시케를 미워하십니다. 제발 저를 도와주십시오."

에로스의 말을 귀 기울여 듣던 제우스가 무겁게 입을 열었습니다.

"내가 볼 때 네 어머니인 아프로디테의 노여움은 쉽게 누그러질 것 같지가 않구나."

"저도 압니다. 그러니 제우스 님께서 나서 주셔야 합니다. 부디 저와 프시케가 결혼할 수 있도록 어머니를 설득해 주세요."

에로스와 프시케

에로스가 잠든 프시케를 깨워 살려 낸 뒤, 뜨거운 포옹을 하는 모습을 표현한 조각상이에요. 힘겨운 난관을 이겨내고 드디어 만나게 된 에로스와 프시케의 모습이 보는 이로 하여금 애절한 느낌이 들게 해요.

〈에로스의 키스로 되살아난 프시케〉 안토니오 카노바

에로스가 진정으로 프시케를 사랑하고 있다는 것을 느낀 제우스는 그의 간청을 들어주기로 결정했습니다. 그래서 바로 아프로디테를 찾아갔습니다.

"아프로디테, 이제 그만 프시케를 용서하고 서로 사랑하는 저 연인을 결혼시켜 줍시다."

제우스의 말에 아프로디테가 버럭 화를 내며 대답했습니다.

"프시케를 용서하라고요? 저 어리석은 계집아이 때문에 제 신전이 버림받은 걸 모르세요? 사람들은 아름다움의 여신인 저를 제쳐 두고, 한낱 인간에 지나지 않는 프시케를 찬양했다고요."

"하지만 이제 사람들이 다시 당신에게로 돌아와 사랑과 존경을 보내고 있지 않소."

제우스는 물론이고 올림포스의 모든 신들이 나서서 아프로디테를 설득했습니다.

"저렇게도 서로를 사랑하고 있는데, 이제 그만 둘을 용서하고 맺어줍시다."

헤라가 흐뭇한 미소를 지으며 말했습니다.

헤르메스도 거들고 나섰습니다.

그러자 차갑던 아프로디테의 마음도 조금씩 움직이기 시작했습니다.

"좋아요. 에로스와 프시케의 결혼을 허락하겠어요."

드디어 아프로디테가 두 사람의 결혼을 허락하자 올림포스 신들은 크게 기뻐했습니다.

"아프로디테, 잘 생각했소. 그럼 이제 프시케를 우리처럼 신으로 만들어서 영원히 에로스와 살도록 해 줍시다."

제우스는 헤르메스를 보내 프시케를 데려오라고 시켰습니다.

헤르메스는 재빨리 프시케에게 날아갔습니다.

"프시케, 제우스 님께서 당신을 신들의 회의에 초대하셨어요."

"예? 아프로디테 님도 아시는 일인가요?"

"물론이죠. 아프로디테 님이 당신과 에로스의 결혼을 허락하신걸요."

프시케는 헤르메스의 말을 듣고 기쁨의 눈물을 흘렸습니다. 그리고 헤르메스를 따라 올림포스로 갔습니다. 올림포스 신들은 프시케를 반갑게 맞아 주었습니다.

에로스의 기쁨은 이루 말할 수 없었습니다. 에로스는 한달음에 달려 나와 프시케를 끌어안았습니다.

"프시케, 드디어 어머니께서 우리 결혼을 허락하셨어요."

"예, 저도 엄청나게 기뻐서 믿어지지가 않아요. 이게 꿈은 아니겠죠?"

신들의 음식, 암브로시아

그리스 신화에 나오는 신들만이 먹을 수 있는 음식으로, 꿀과 물, 과일, 올리브유 등으로 만들어졌다고 해요. 맛도 꿀보다 달고 매우 향기로운 음식이라고 전해지지요. 신들이 죽지 않고 영원토록 살 수 있는 것은 바로 이 신기한 음식 덕분이랍니다. 제우스의 아들인 탄탈로스가 올림포스에 초대되어 식사를 하다가 암브로시아를 훔치는 바람에 큰 벌을 받았다는 이야기도 있지요.

제우스가 에로스와 프시케에게 다가와 말을 건넸습니다.

"둘의 결혼을 진심으로 축하하네."

"제우스 님, 고맙습니다. 정말 고맙습니다."

제우스는 프시케에게 마시면 늙지도 않고 죽지도 않는 암브로시아를 주었습니다.

"프시케, 이걸 마시고 영원히 죽지 않는 신이 되어라."

그리고 에로스를 쳐다보며 말했습니다.

"에로스는 이 인연을 끊지 못할 것이며, 이 결혼은 영원하리라!"

이리하여 암브로시아를 마신 프시케는 여신이 되었고, 에로스와 프시케는 부부가 되었습니다. 이윽고 둘 사이에서 '기쁨'이라는 어여쁜 딸이 태어났고, 에로스와 프시케는 영원히 사랑하며 행복하게 살았답니다.

성대한 에로스와 프시케의 결혼

아프로디테의 허락을 받은 에로스와 프시케가 결혼하는 모습을 그린 그림이에요. 올림포스 신들의 축하 속에 열린 결혼식 장면이 매우 성대하고 아름다워 보여요.

〈에로스와 프시케의 결혼식〉 요아킴 브테바엘

사랑을 되찾은 프시케

　프시케는 한 왕국의 아름다운 공주로 태어나 빼어난 외모 덕분에 신만이 누릴 수 있는 칭찬과 찬양을 받았습니다. 그로 인해 아프로디테 여신의 미움을 받게 되지만, 에로스와 만나 사랑에 빠집니다.

　프시케의 이름에는 '나비'라는 의미와 '영혼', '마음', '정신'이라는 의미가 담겨 있습니다. 보통 나비를 떠올리면 애벌레에서 번데기를 거쳐 나비로 변신하는 과정을 생각하게 됩니다. 그리고 프시케의 삶이 나비의 변화 과정과 많이 닮아 있음을 알 수 있습니다.

　먼저, 꿈틀거리며 기어 다니는 어린 애벌레의 모습에서 지나친 호기심 때문에 잘못을 저지르는 프시케의 성숙하지 못한 모습을 보게 됩니다. 또한 꼼짝도 못 하고 견뎌야 하는 번데기의 어두운 시절은 떠나 버린 에로스를 찾으면서 겪게 되는 모진 시련과 인내의 시간을 의미한다고 할 수 있습니다.

　마지막으로 아름다운 날개를 가진 나비로 탈바꿈하는 모습에서는 마침내 에로스를 만나 사랑을 이루고 여신이 된 프시케를 떠올릴 수 있

습니다. 한 인간이 여신으로 거듭났다는 것은 결국 영혼의 수준이 한 단계 높아졌다는 의미이기도 하지요. 옛날 그리스인들은 '나비'를 사라지지 않는 영혼의 상징으로 보았다고 합니다.

    결국 프시케는 온갖 고난을 겪으며 성숙하고, 에로스와 사랑을 나누며 신의 경지에까지 이르러 영원토록 살게 됩니다. 순수하고 정결한 사랑을 통해 다시 태어난 프시케가 에로스와 함께 영원히 행복을 누리게 되지요. 이러한 프시케의 이야기는 우리에게도 따뜻하고 깊은 사랑을 나누라고 조언하는 것 같습니다.

미로 찾기

미로 찾기로
모험을 떠나 보아요!

출발

도착

정답은 맨 뒷장에 있습니다.

OLYMPUS GUARDIAN

신들의 계보

크로노스 + 레아
- **하데스** — 지하 세계의 왕
- **포세이돈** — 바다의 신
- **제우스** — 신들의 왕
- **헤라** — 신들의 여왕, 제우스의 아내
- **헤스티아** — 난로·불의 여신
- **데메테르** — 대지의 여신

제우스 + 메티스
- **아테나** — 지혜·전쟁의 여신

제우스 + 레토
- **아폴론** — 의술·음악의 신
  - **아스클레피오스** — 의술의 신
- **아르테미스** — 사냥·순결의 여신

제우스 + 헤라
- **아레스** — 전쟁의 신
- **헤파이스토스** — 대장간의 신

제우스 + 디오네
- **아프로디테** — 미의 여신, 헤파이스토스의 아내
  - **에로스** — 사랑의 신

제우스 + 마이아
- **헤르메스** — 신들의 전령, 상업의 신

제우스 + 세멜레
- **디오니소스** — 술의 신

제우스 + 데메테르
- **페르세포네** — 지하 세계의 여왕, 하데스의 아내

그리스 로마 신화 주요 인물의 이름

그리스어	로마어	영어
가이아	텔루스	
니케	빅토리아	나이키, 빅토리
데메테르	케레스	세레스
디오니소스	바쿠스	바쿠스
레아	키벨레	시벨레
아레스	마르스	마스
아르테미스	디아나	다이애나
아테나	아테네, 미네르바	
아폴론	아폴로	아폴로
아프로디테	베누스	비너스
에로스	쿠피드, 아모르	큐피드
오디세우스	울릭세스	율리시스
우라노스	카일루스	유러너스
제우스	유피테르	주피터
크로노스	사투르누스	새턴
페르세포네	프로세르피나	
포세이돈	넵투누스	넵튠
하데스	플루톤	플루토
헤라	유노	주노
헤라클레스	헤르쿨레스	허큘리스
헤르메스	메르쿠리우스	머큐리
헤스티아	베스타	
헤파이스토스	불카누스	벌컨

미로 찾기 정답

에로스와 프시케의 사랑

초판 1쇄 인쇄 2020년 12월 10일
초판 1쇄 발행 2020년 12월 18일

지음 토마스 불핀치 | **엮음** 주니어RHK 편집부
그림제공 ㈜SBS콘텐츠허브
원작 만화로 보는 그리스 로마 신화 (이광진 엮음, 홍은영 그림, 가나출판사)

발행인 양원석 **책임편집** 김민정
디자인 강소정 **영업마케팅** 윤우성, 박소정

펴낸 곳 ㈜알에이치코리아
주소 서울시 금천구 가산디지털2로 53, 20층 (가산동, 한라시그마밸리)
편집문의 02-6443-8872 **도서문의** 02-6443-8800 **팩스** 02-6443-8959
등록 2004년 1월 15일 제2-3726호

ⓒ 올림포스 가디언
ⓒ SBS/SBS콘텐츠허브/가나미디어/동우에이앤아이

ISBN 978-89-255-8951-0 (73210)

어린이제품 안전특별법 표시 사항
제품명 도서 | **제조자명** ㈜알에이치코리아 | **제조국명** 대한민국 | **전화번호** 02)6443-8800
주소 서울시 금천구 가산디지털2로 53, 20층(한라시그마밸리)

※ 책값은 뒤표지에 있습니다.
※ 맞춤법과 띄어쓰기는 국립국어원의 기준에 따랐습니다.
※ 잘못된 책은 구입하신 곳에서 바꾸어 드립니다.
△ 책 모서리가 날카로워 다칠 수 있으니 사람을 향해 던지거나 떨어뜨리지 마십시오.

알에이치코리아 홈페이지와 블로그, SNS에서 자사 도서에 대한 더 많은 정보와 이벤트 혜택을 확인할 수 있으며, 전자책도 만나볼 수 있습니다.
홈페이지 http://rhk.co.kr | http://ebook.rhk.co.kr 페이스북 https://www.facebook.com/rhk.co.kr
블로그 http://randomhouse1.blog.me 유튜브 http://www.youtube.com/randomhousekorea
주니어RHK 포스트 https://post.naver.com/junior_rhk 인스타그램 @junior_rhk